◄ PUEBLOS AMERICANOS NATIVOS ►

LOS NAVAJO

por Susan Stan

Ilustrado por Luciano Lazzarino

Versión en español de Aída E. Marcuse

ROURKE PUBLICATIONS, INC.

VERO BEACH, FLORIDA 32964

ÍNDICE

Library of Congress Cataloging-in-Publication Data

Stan, Susan.
　　[Navajo. Spanish]
　　Los Navajo / por Susan Stan; ilustrado por Luciano Lazzarino; versión en español de Aída E. Marcuse.
　　　p. cm. — (Pueblos americanos nativos)
　　　Resumen: Examina la historia, el estilo de vida tradicional, y la situación corriente de los indios navajo.
　　ISBN 0-86626-455-2
　　　1. Indios navajo—Literatura juvenil. [1. Indios navajo.
2. Indios de Norteamérica. 3. Materiales en español.]
I. Lazzarino, Luciano, II. II. Título. III. Serie.
E99.N3S7218 1992
973'.04972—dc20
　　　　　　　　　　　　　　　　　　　　　　92-16421
　　　　　　　　　　　　　　　　　　　　　　CIP
　　　　　　　　　　　　　　　　　　　　　　AC

*La belleza salvaje
de Monument Valley,
en Arizona*

INTRODUCCIÓN

Los Navajo viven en el suroeste de los Estados Unidos. Su reservación comprende trozos de Arizona, New Mexico, Colorado y Utah. Tanto en población como en territorio, la reservación de los Navajo es la más grande del país, totalizando catorce millones de acres y unas 200.000 personas. En esas tierras se encuentran algunos de los paisajes más hermosos e imponentes del mundo.

La reservación Navajo rodea la de los Hopi, que tiene apenas una décima parte de su tamaño. Las tierras de los Hopi, al norte de Arizona, incluyen tres mesetas, en las que viven unos 8.000 indígenas. Los Hopi y los Navajo son pueblos distintos, con culturas e idiomas diferentes.

"Navajo" es el nombre que les dieron los españoles en el siglo 17. El nombre proviene del lugar donde vivían cuando los encontraron los primeros exploradores. En su propio idioma, los Navajo se llaman *dineh*, que significa "el pueblo."

Los Navajo son famosos por sus mantas y alfombras finamente tejidos y sus joyas de plata y turquesas. Sus vestimentas, tanto tradicionales como modernas, son de colores brillantes y están adornadas con artísticos cinturones y brazaletes.

Aunque la mayoría de los Navajo vive y trabaja en la reservación, algunos se han marchado a ciudades o pueblos fuera de ella, y otros han ido a universidades en otros lugares del país. Pero aún los que se alejan de la reservación, siempre desean volver a ella.

Como otras tribus indígenas de Estados Unidos, los Navajo fueron desplazados de su territorio y se intentó hacerlos cambiar de costumbres y forma de vida. Pero pese a los esfuerzos del gobierno, la tribu consiguió retener su identidad cultural.

Contrariamente a indígenas de otras tribus, que se casan con gente de afuera con frecuencia, los Navajo casi nunca lo hacen. Muchos de ellos, jóvenes y viejos, aún hablan su idioma nativo. Visitar la reservación Navajo es casi como ir a otro país. En muchos sentidos, la nación Navajo es exactamente eso: una nación dentro de otra.

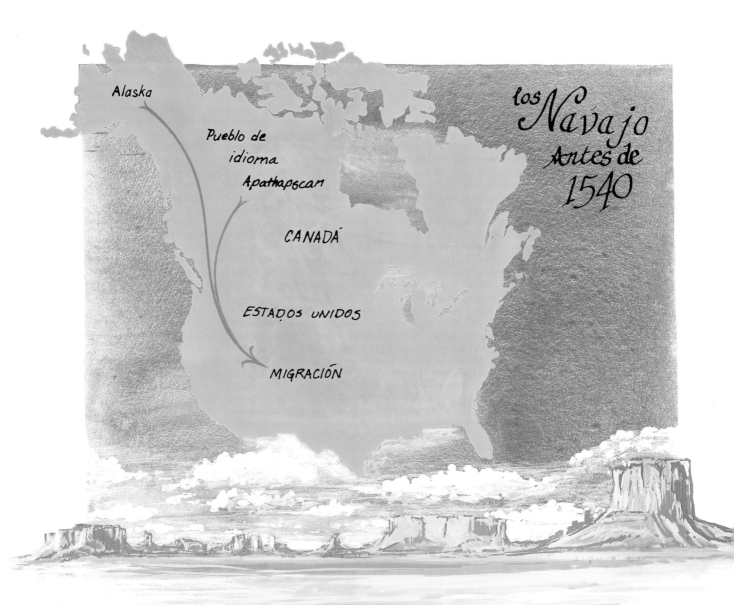

los *Navajo* Antes de 1540

Alaska

Pueblo de idioma Apathapscam

CANADÁ

ESTADOS UNIDOS

MIGRACIÓN

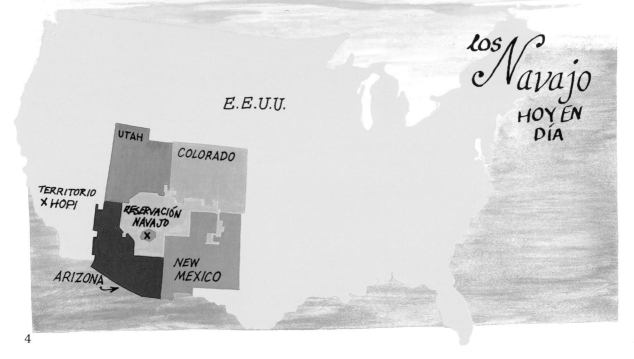

los *Navajo* HOY EN DÍA

E.E.U.U.

UTAH

COLORADO

TERRITORIO X HOPI

RESERVACIÓN NAVAJO X

NEW MEXICO

ARIZONA

4

Flores de girasol hacen resaltar los sorprendentes acantilados del territorio Navajo.

Antes de 1540

El pueblo que hoy llamamos Navajo no siempre vivió en el suroeste del país. Su historia oral nos cuenta que hubieron dos grupos de antepasados. Uno, formado en el viejo territorio Navajo (hoy parte de New Mexico) y otro que llegó al lugar desde el oeste.

El primer grupo vivía en asentamientos permanentes y labraba la tierra. Su cultura y modo de vida eran sofisticados y vivían muy bien. El segundo grupo, emparentado con los Apache, eran nómadas que quizá vivieron alguna vez en Canadá. Se desplazaban en pequeñas bandas para cazar y juntar comida. Sus leyendas dicen que vinieron del oeste, - algunas hasta mencionan un mar al oeste - atravesando el desierto hasta llegar a los Picos de San Francisco, en Arizona.

No hay suficientes indicios arqueológicos (cacharros, herramientas o huesos) como para que los científicos sepan a ciencia cierta que pasó. Pudo haber sido hacia el año 800 de nuestra era, o en el siglo 16. Cuando llegaron, los indígenas se asentaron en cañones y montañas, cerca de fuentes de agua y alimentos, pero bien ocultos de las demás tribus que vivían en el área.

Los Navajo se refieren a la región como la *Dinetah*, la "patria." Hoy en día, la *Dinetah* se encuentra fuera de la reservación Navajo, hacia el este, cerca de Santa Fe y Taos. Parte de ella se ha convertido en la reservación de los Apache Jicarilla.

Llegada de los españoles

En 1540, Coronado, el explorador español, atravesó New Mexico pero no reportó haber encontrado al pueblo Navajo. La historia oral Navajo tampoco menciona a los españoles. En 1583, dos de éstos, Antonio de Espejo y Fray Bernardino Beltrán, al frente de una compañía de soldados, empezaron a buscar oro en New Mexico. Según el diario de uno de ellos, encontraron "indígenas montañeses pacíficos que les regalaron tortillas aunque ellos no las necesitaban." Eran los Navajo, y quizás se acercaron a los extraños por pura curiosidad. Probablemente ésa fue la primera vez que los indígenas vieron caballos.

Los Navajo inmediatamente comprendieron la ventaja de tenerlos y desde entonces se apropiaron cuantas veces pudieron de los caballos de los exploradores y colonos que osaban aventurarse en su territorio. Los cañones les

proporcionaban buenos refugios; los indígenas aparecían como un relámpago y desaparecían con los caballos velozmente.

En 1598, los españoles se asentaron al norte de New Mexico. Don Juan de Oñate, gobernador de la provincia, llegó con una caravana de colonos, monjes, ganado, caballos y ovejas. Bajo su mando, los españoles conquistaron las pacíficas y poco agresivas tribus Pueblo. Los Pueblo fueron obligados a obedecer a los españoles, entregarles parte de lo que cultivaban o hacían, y servirlos por salarios mínimos.

En su esfuerzo por conquistar el grupo Pueblo de Acoma, un lugar situado en una alta meseta, los soldados de Oñate mataron brutalmente más de 800 indígenas y tomaron el resto como esclavos. Algunos fueron castigados cortándoles un pie o mutilándolos de otros modos. Los Navajo, que fueron testigos de esa atrocidad, ata-caron los asentamientos españoles y liberaron cuantos prisioneros pudieron.

Las ovejas que había traído Oñate eran *churros*, una raza robusta originaria de España. Los Pueblo a menudo debían cuidar los rebaños. Cuando los Navajo los atacaban, generalmente también capturaban a indígenas Pueblo. Así, la tribu Navajo llegó a incorporar a algunos de ellos. Otros más se unieron a los Navajo para escapar de los españoles.

Oñate dejó New Mexico en 1607, pero su sucesor continuó la empresa de dominar a los indígenas y convertirlos al cristianismo. Trasladó la capital a otro sitio, más alto y más cerca del agua. Ese sitio se convirtió en Santa Fe.

El odio de los Navajo hacia los españoles seguía intacto. En 1680, lograron llevar a cabo una revuelta exitosa contra ellos. Los colonos se retiraron de la provincia y se refugiaron en El Paso. Los indígenas quemaron las iglesias y misiones, las casas y las haciendas. El único vestigio que quedaba de los españoles eran los caballos y las ovejas que habían introducido en el territorio.

Los siglos 18 y 19

En 1692, doce años después de la revuelta, los españoles regresaron. Entretanto, muchas tribus Pueblo se habían mudado al territorio Navajo y estaban siendo asimiladas por ellos. Cada tribu tenía algo que ofrecer. Los Navajo adoptaron los estilos y ceremonias de los Pueblo, y los Pueblo partes de la cultura Navajo, incluyendo el idioma.

Los indígenas Pueblo siempre habían vivido en edificios rectangulares, colocados uno sobre otro como los edificios de apartamentos modernos. Los Navajo vivían en *hogans*, casas redondas construídas con horquetas y cubiertas de paja, barro, pieles o lo que hubiera disponible.

El *hogan* era, y todavía es, más que una casa, un edificio sagrado construído según reglas específicas. La puerta de entrada mira al este, para recibir el primer rayo del sol naciente. Durante el período de asimilación de las culturas, *hogans* y edificios de estilo Pueblo eran construídos unos junto a otros.

Los indígenas Pueblo que se quedaron en sus aldeas y resistieron a los españoles, fueron sistemáticamente atacados y conquistados. Muchos murieron, y los sobrevivientes huyeron y se unieron a los Navajo, igual que sus antepasados un siglo antes.

Durante el siglo 18, los Navajo continuaron luchando contra los españoles. Incursionaban en los asentamientos y los españoles enviaban expediciones a conquistarlos. Además, los Navajo también eran atacados por los Ute y los Comanche, que venían del norte.

Lentamente, los Navajo se desplazaron hacia Arizona, al oeste. Cuando encontraban un poblado, lo atacaban y capturaban las mujeres y niños. A veces se refugiaban en las altas mesetas, donde les era más fácil defenderse.

Hacia el año 1700, ya habían llegado hasta el Cañón de Chelly, que tiene forma de Y. Hoy es un Monumento Nacional. Habría sido ocupado por indígenas primitivos entre los años 350 y 1300 y era una fortaleza natural para los Navajo atacados por los españoles. También les sirvió para el mismo propósito a los soldados de Kit Carson ciento cincuenta años después, cuando fueron enviados a reunir a los Navajo.

Los Navajo ya no eran nómades, pero todavía se mudaban dos o tres veces por año, dentro del mismo territorio, en búsqueda de buenas pasturas. Plantaban huertas de melocotones, a partir de carozos que les traían indígenas que habían vivido en las haciendas y misiones españolas. Se habían convertido en una tribu rica, propietaria de ganado y con suficiente comida, abrigos y vestimentas.

Los Estados Unidos penetran en el suroeste

En 1846, los Estados Unidos consiguieron controlar el suroeste y nombraron agentes indígenas en New Mexico. Los tratados que firmaron con los Navajo no duraron mucho, y hubieron derramamientos de sangre por ambos lados.

Para más seguridad, los Navajo se adentraron más en sus cañones y su vida fue más dura. Fracasaron al atacar Fort Defiance, la primera fortaleza de los Estados Unidos establecida en territorio Navajo, y más tarde estalló la lucha entre los de New Mexico, los Navajo, los Ute (que se aliaron con los blancos), los Zuni y los Apache. New Mexico estaba en un caos total. Los Navajo y los Apache asolaban aldeas y campos. El gobierno de Estados Unidos decidió que había que hacer algo para solucionar el problema, y asignó el trabajo al general James Carleton.

Encarcelamiento

Carleton puso a Kit Carson a cargo de un regimiento de voluntarios. Carson primero capturó a los Apache Mescalero y los envió a Bosque Redondo, un área al sureste de New Mexico, donde se acababa de construir Fort Sumner. Entonces, se dedicó a los Navajo.

El plan del general Carleton era capturarlos y sacarlos de sus tierras. Pensaba confinarlos y convertirlos en pacíficos labradores.

Para lograrlo, recurrió a la ayuda de otras tribus, enemigas de los Navajo. Estaban tan deseosos de vengarse de ellos, que los ayudaron de buena gana a encontrar a los Navajo, tan hábiles para esconderse. Carson destruyó sus campamentos, incendió sus cultivos de maíz y capturó o mató sus caballos y ovejas. Quería hacerlos rendirse, no matarlos. Tomó algunas mujeres y niños cautivos, pero la mayoría huyó y se internó aún más en las montañas y cañones. Algunos se ocultaron en Monument Valley, y otros huyeron hacia el norte.

Sin sus fuentes de alimentación, los Navajo pronto se vieron cercanos a morir de hambre. Algunos abandonaron su territorio y otros se unieron a otras tribus. Pero muchos decidieron rendirse a los soldados de Estados Unidos en Fort Defiance. En 1864, el primer grupo de 2.400 Navajo salió de allí hacia Bosque Redondo, distante 300 millas. Todos, salvo los viejos y enfermos, fueron a pie. Pronto los siguieron 2.000 más. Esta travesía se conoce en las historias de la tribu como la Larga Marcha.

En Bosque Redondo, casi cinco mil indígenas fueron forzados a vivir en cuarenta millas cuadradas. Les dieron semillas para plantar. Pero cada año, desastres naturales diezmaban sus cosechas - orugas, inundaciones, granizo, sequías y vientos. Los árboles, y por consiguiente, el combustible, eran escasos. El plan indicaba que se daría a los indígenas maestros que les enseñaran, pero no había ninguno disponible. No había suficientes abastecimientos para alimentarlos y protegerlos del frío. Los Navajo, que fueran libres, ricos y orgullosos, ahora eran pobres, enfermos, y miserables. Cientos de ellos escaparon.

Pronto al gobierno le resultó claro que el plan de Carleton no funcionaba. Los Navajo de Bosque Redondo nunca serían autosuficientes si se los dejaba allí.

En 18 meses, el ejército había gastado un millón de dólares alimentándolos y cuidando de ellos, y las condiciones aún no eran adecuadas. En mayo de 1868, el gobierno de Estados Unidos hizo un tratado con los Navajo. Podrían volver a sus hogares en los cañones y mesetas, a una reservación cuyos límites se establecían. En cambio, los Navajo prometían enviar a sus hijos a la escuela y no volver a luchar.

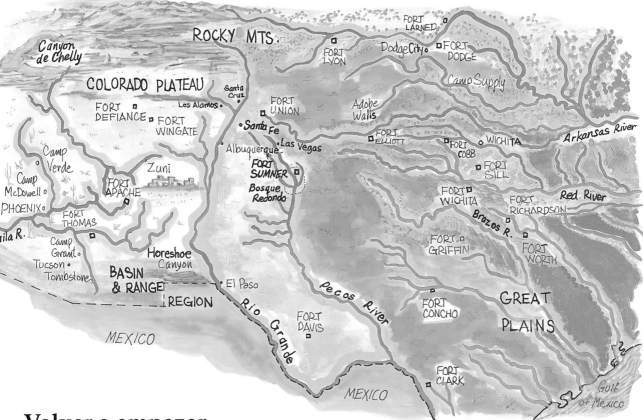

Volver a empezar

El territorio acordado a los Navajo en el tratado de 1868 era solamente una parte del que tuvieran anteriormente. Era demasiado pequeño para alimentarlos a todos, y las casas de muchas familias quedaban fuera de la reservación.

Los primeros años allí fueron muy duros. Los árboles de melocotón habían sido reducidos a tocones por los hombres de Kit Carson, y las cosechas fracasaron año tras año. Algunas familias vivían en cavernas y refugios de malezas. Sin árboles, no podían construir *hogans*, y los que tuvieran antes habían sido destruídos. Tenían pocas ropas; los niños se vestían con sacos de harina y los adultos con ropas desechadas por los blancos. La ayuda que les prometiera el gobierno en el tratado de 1868 tardaba en llegarles - y parte de ella nunca vino.

Poco a poco, la tribu consiguió rehacer sus manadas de ovejas y caballos. La tribu creció también: hacia 1878, habían pasado de 8.181 a 11.850. Desde el principio les

hizo falta más tierra. Entre 1868 y 1934, catorce parcelas más fueron agregadas a la reservación original, hasta que llegó al tamaño actual: 14 millones de acres. Esta tierra montañosa y rocosa, tan hermosa con sus desiertos, cañones y mesetas, no es buena para la agricultura. En ella no abunda la vegetación natural y hacen falta más acres para alimentar las ovejas que en otros lados.

En vista de esas circunstancias, los Navajo lucharon duramente para independizarse económicamente. Como en las reservaciones de otras partes del país, la Oficina de Asuntos Indígenas de los Estados Unidos nombró agentes indígenas para que sirvieran de intermediarios entre las tribus y el gobierno. Casi todos ellos reportaron que los Navajo eran habilidosos, trabajadores y de buen comportamiento. Habían tomado muy en serio su promesa de no luchar más.

Desde 1900 en adelante

La Gran Depresión provocada en 1929 por el desplome de la Bolsa de Valores, afectó grandemente a los Navajo, pues bajaron los precios de la madera y el ganado.

En 1933, John Collier fue nombrado por el presidente Franklin D. Roosevelt Comisionado de Asuntos Indígenas. Una de las primeras tareas de Collier fue implementar un programa destinado a reducir las manadas de ganado de los Navajo. La población Navajo, sus ovejas, cabras y caballos había crecido año tras año. Collier pensó que pronto no quedaría suficiente vegetación en la reservación para alimentar todos los animales. Obligó a los Navajo a venderle su ganado al gobierno, y sus agentes a veces mataban los animales delante mismo de los indígenas. Matar así seres vivientes les parecía bárbaro y sin sentido, y la desconfianza que sentían hacia el hombre blanco aumentó con estos hechos.

Al disponer de menos ovejas, ganado y cabras, (que cada año valían menos,) los Navajo dejaron de ser autosuficientes. Los animales que quedaban no alcanzaban para alimentarlos, y tuvieron que comprar comida en los almacenes generales. Sin nada que vender ellos, se endeudaron mucho. Buscaron empleos que les pagarían salarios, y algunos los encontraron en proyectos del gobierno.

Para los Navajo, la Segunda Guerra Mundial fue una pausa en la pobreza crónica de la reservación, pues creó fuentes de trabajo. Además, muchos indígenas se ocuparon en sus casas de tareas relacionadas con la guerra. Unos 3.600 Navajo fueron enrolados y enviados a luchar en ultramar. El Cuerpo de Infantería de Marina hasta usó el idioma Navajo en sus códigos de señales.

Después de la guerra, las condiciones en la reservación Navajo empeoraron. Había mucha gente hambrienta. El gobierno destinó $500.000 a ayudar a los Navajo y los Hopi a sobrevivir el invierno de 1947, pero esa ayuda fue temporaria. En 1950, el Congreso aprobó el Acta de Rehabilitación a Largo Plazo Navajo-Hopi, que destinó $88.570.000 a la construcción de escuelas, hospitales, carreteras, casas y otras mejoras imprescindibles en la reservación.

Casi al mismo tiempo que el Congreso aprobaba ese Acta, las compañías de gas natural y petróleo empezaron a explorar las tierras de la reservación. La tribu comenzó a cobrar dinero por los derechos de exploración, y a invertirlo bien. Hoy en día, ese dinero produce muchos millones al año solamente en intereses. Durante los años 1950 y 1960, estas entradas permitieron a los Navajo retomar control sobre su reservación. Ya no dependen de los fondos federales y pueden desarrollar sus propios programas de desarrollo.

Esta área una vez abundaba en caballos

Mujer Navajo vistosamente vestida, junto a su telar

Los Navajo todavía crían ovejas

Niños de segundo grado exhiben con orgullo sus diseños para alfombras

Las mantas y alfombras Navajo

Después de aprender a criar ovejas, en algún momento del siglo 16 las mujeres Navajo aprendieron a hilar y tejer la lana. Desde el principio, las ovejas pertenecieron a las mujeres de un clan, mientras los caballos eran propiedad de los hombres. Las mujeres las esquilaban, cardaban la lana y la tejían.

Los Navajo probablemente aprendieron de los Pueblo el arte de hilar, cuando éstos se refugiaron en sus aldeas de la persecución de los españoles. Las mujeres Navajo se convirtieron en excelentes tejedoras y enseñaban a sus hijas lo que sabían. Sus mantas de lana eran usadas por indígenas de muchas tribus, vendidas a los españoles y, más tarde, también a la gente de New Mexico.

Al regresar de Bosque Redondo, los Navajo eran tan pobres que las mujeres cambiaban las mantas que tejían por cosas que necesitaban. Pero hacia 1886, los Navajo tenían otra vez grandes rebaños de ovejas. Ese año vendieron un millón de libras de lana, y hacia 1890, dos millones.

En 1881, el ferrocarril Santa Fe y Topeka llegó por primera vez a Albuquerque. Con el ferrocarril llegaron comerciantes, trayendo productos de los hombres blancos - piezas de tela, herramientas de hierro, café y azúcar, - para cambiar por lana y productos hechos por los indígenas.

Los comerciantes introdujeron las tejedoras Navajo a lanas ya hiladas y teñidas, disponibles en muchos colores. Algunos de esos colores eran nuevos para ellas - estaban teñidos con tintas químicas, no naturales. Pronto los comerciantes influenciaron los diseños de los Navajo. Les mostraban a las tejedoras los diseños y colores que sus clientes - gente del este - deseaban, y los Navajo tejían las alfombras a pedido.

Hoy cada tejedora tiene su estilo, que es una combinación de diseños tradicionales y su propia creatividad. Los colores y dibujos de las alfombras llevan los nombres de la zona de la reservación de donde provienen. Algunos ejemplos típicos son Two Gray Hills, Teec Nos Pos, Chinle, Wide Ruins y Crystal. Todos son nombres de aldeas o pueblos en la reservación.

*La Carreta de Carga Hubbell y un ejemplo
del papel membrete de 1878 de J.L.Hubbell.*

Un Almacén General típico

El Almacén General Hubbell está cerca de Ganado, Arizona, en la reservación Navajo. John Lorenzo Hubbell nació en New Mexico y pasó temporadas entre los indígenas Paiute, Hopi y Navajo. En 1876 instaló un negocio y dos años después lo mudó al lugar donde se encuentra aún hoy.

Para los Navajo, John Hubbell era más que un comerciante; era su guía y maestro. Lo llamaban Don Lorenzo. Familiarizado con las culturas y valores de los indígenas, Hubbell ayudó a los Navajo a entender al hombre blanco.

Los almacenes generales eran lugares sociales. Los indígenas cabalgaban el día entero para llegar y vender allí lana o mantas (y después, plata y joyas de turquesas).

Después de tomarse todo el tiempo necesario para comerciar, solían quedarse charlando con amigos y parientes que también habían venido al almacén. A Hubell le preocupaba el bienestar de los Navajo. No sólo los trataba con justicia, sino que les sugería cómo mejorar sus productos. Incluso trajo un platero de México a Arizona, para que les enseñara su arte.

El Almacén General Hubbell, aunque ahora es un Lugar Histórico Nacional, sigue funcionando como hace cien años. Los indígenas traen sus productos y los cambian por otros, mientras los turistas de paso compran las joyas y alfombras Navajo. Aunque otras tribus del suroeste son mejor conocidas por sus canastas, los almacenes generales también venden algunas canastas Navajo. Son las mismas que ellos usan en sus ceremonias religiosas.

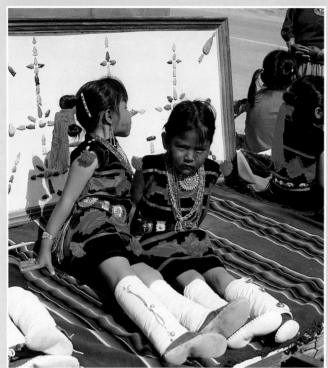

Una carroza de desfile Todahaidikani

Abajo: Un niño Ellarita haciendo sus deberes en Cañón Calf.

El arco iris realza las rocas gemelas

Estos niños son el rey y la reina del desfile. Usan las hermosas joyas de plata y turquesas que han hecho famosos a los Navajo.

El arte de la platería

Hoy en día los Navajo son famosos por sus joyas de plata y turquesas. Están tan identificados con esta forma de arte que cuesta creer que recién a finales del siglo 19 empezaron a dedicarse a la joyería.

Antes de ir a Bosque Redondo, muchos Navajo habían adquirido de los españoles y mejicanos piezas de plata y otros metales. Los Navajo solían incautarse de bridas ornamentadas junto con los caballos que capturaban en sus incursiones, y robaban o comerciaban joyas de plata de los mejicanos.

Al principio, los Navajo martillaban las monedas españolas y mejicanas para hacer botones de plata que cosían en la ropa y arrancaban de ella cuando las necesitaban como dinero. Una parte del Tratado de 1868, que terminó el cautiverio de los Navajo en Bosque Redondo, estipulaba que los indígenas recibirían herramientas. Gracias a ciertos utensilios especiales: yunques, alicates, tijeras y limas, los Navajo pudieron hacer cosas más complicadas, como brazaletes, pendientes, cinturones de nácar, ornamentos para las bridas de los caballos y cajas de tabaco.

Hacia 1880, los plateros de Ganado empezaron a hacer joyas incrustadas de turquesas y en la misma época comenzó la práctica de empeñarlas. Un indígena que necesitaba dinero, dejaba una pieza de joyería en el almacén general como garantía por un préstamo. Cuando el préstamo era devuelto, la joya volvía a su dueño. Usar un collar de turquesas era como llevar una cuenta de ahorros al cuello.

Las vestimentas

Los Navajo que encontraron los blancos, probablemente vestían ropas de piel de ciervo. Los hombres, calzones y polainas, y las mujeres, vestidos de ante. En 1583, un explorador español registró que los Navajo cambiaban pieles de ciervo por chales de algodón.

En los años 1800, antes de Bosque Redondo, los Navajo vivían bien. Tenían suficiente lana para tejer y cambiar por los artículos que ellos no confeccionaban. Los hombres copiaron el estilo de los caballeros mejicanos, y usaron mantas drapeadas sobre un hombro. También sus pantalones sufrieron esa influencia, y los terminaron a media pierna, entre la rodilla y el tobillo. Empezaron a hacerlos de suaves pieles de ante o de paños españoles, con dobladillos decorados con botones de plata.

Las mujeres usaban vestidos de lana, hechos con dos mantas cosidas en los hombros. Llevaban a sus bebés en cunas portátiles atadas a las espaldas.

Durante los cuatro años que pasaron en Bosque Redondo, los Navajo observaron que los soldados y sus familias vestían las últimas modas llegadas del este. Las mujeres de los soldados les dieron a las Navajo sus viejas faldas, grandes y amplias. Más tarde, las mujeres Navajo se hicieron faldas de percal. Después del Tratado de 1868, la Agencia Indígena les suministró a los hombres Navajo sobretodos y pantalones. Pero algunos siguieron usando calzones y polainas, como hicieran antes de que llegaran los españoles, mejicanos y el ejército de los Estados Unidos.

Durante muchos años, los Navajo siguieron usando mocasines en vez de zapatos de cuero. Desconfiaban de los objetos de los blancos y temían hasta tocarlos. Un anciano de la tribu recuerda que le dijeron: " no uses ropas de los blancos, porque eran nuestros enemigos y podrías enfermarte." Hoy en día, los Navajo combinan en sus ropas elementos del pasado con otros del presente. Los hombres usan ropas típicamente americanas, como botas de vaquero, y al mismo tiempo llevan el pelo en una larga trenza con mucha joyería Navajo en ella. Las mujeres suelen usar jeans y camisetas de algodón, o sus largas y amplias faldas de satén y una blusa colorida, o una chaquetilla de terciopelo. Para sus ceremonias, los Navajo se engalanan con ropas típicas y usan joyas especiales.

Arriba: Niñas Navajo en traje ceremonial típico.
Izquierda: Dos jóvenes Navajo haciendo pan frito.

El Consejo Tribal Navajo

Tradicionalmente, los Navajo nunca tuvieron un sistema político de gobierno. Los líderes tribales hablaban por sí mismos, pero no representaban la tribu. A lo sumo, trataban de persuadir al pueblo; pero no podían tomar decisiones. Hacia 1920, se encontraron minerales en la reservación y las compañías de exploración necesitaron negociar con la tribu entera. Por eso, se organizó el Consejo Tribal Navajo en 1923, y se lo autorizó a tratar con las compañías petroleras.

Los doce miembros del Consejo Tribal Navajo deben ser elegidos, dos por cada uno de los seis distritos. Sus únicas responsabilidades son llevar a cabo las negociaciones para las que fuera creado. No trabaja con las comunidades que representa, ni actúa en su nombre ante las agencias del gobierno.

En 1927, las agencias indígenas organizaron "capítulos" en la reservación. Eran comunidades de familias, generalmente emparentadas, alrededor de un almacén general. Cada capítulo se componía de unas 500 personas, y hacia 1930 existían unos 80 de ellos. En 1955, el ConsejoTribal Navajo los incorporó a su sistema. Así, ya contaban con un sistema político de dos niveles: el consejo tribal, que trataba con el gobierno federal y las organizaciones del exterior, y los capítulos locales, que trabajaban con las comunidades.

Hacia 1950, la Oficina de Asuntos Indígenas se debilitó y el Consejo Tribal Navajo se hizo más fuerte. La OAI reorganizó la reservación en una agencia en Window Rock, Arizona, y cinco subagencias: Tuba City, Chinle y Fort Defiance, en Arizona, y Shiprock y Crown Point, en New Mexico. Window Rock, donde funciona el cuartel general del Consejo Tribal, fue durante siglos un lugar sagrado de los Navajo. El nombre proviene de una formación rocosa parecida a un ventanal redondo; cerca de ella hay una fuente cuya agua es importante en las ceremonias Navajo. La tribu llama este lugar Alneeg, que significa "Centro de la Tierra."

El Consejo Tribal Navajo comanda la fuerza de policía y el sistema judicial, establecido en 1950. También controla los fondos de la Nación Navajo, que hoy son muchos millones de dólares por año.

Las agencias del Consejo se ocupan de los proyectos que no lleva a cabo el gobierno federal. La Autoridad Tribal Navajo de Servicios Públicos está a cargo de la electricidad, el gas, agua y alcantarillado de la reservación, y las Industrias Navajo de Productos Forestales se ocupan de la industria maderera.

El Consejo ha establecido un fondo de becas para los Navajo que desean proseguir una educación universitaria, y publica un periódico semanal, el Navajo Times. La Autoridad Navajo de Viviendas Públicas crea y mantiene viviendas adecuadas y la División de Educación Navajo preserva el acervo cultural de la tribu. La Oficina Navajo de Oportunidades Económicas provee fondos para "Head Start," un programa de enseñanza preescolar; consejo legal; tratamientos antidrogas y otros servicios comunitarios.

Izquierda: La nieve invernal salpica los árboles y picos de las montañas
Abajo: Un totem en Monument Valley se destaca en el crepúsculo

*Un caballo solitario junto a una pila de madera
para fogatas, en Monument Valley*

El país de los Navajo hoy en día

La reservación Navajo es más grande
que muchos estados - tres veces más que
Massachussetts, por ejemplo, - y de
constitución muy variada. A primera
vista, algunos pueblos, como Tuba City,
no parecen distintos de otros del oeste:
un cruce de carreteras bordeadas de
restaurantes de comida rápida,
gasolineras, tiendas y casas alrededor.

Vistos más de cerca, una de esas
tiendas probablemente es un almacén
general. El viajero que se detiene en una
gasolinera oirá conversaciones tanto en
Navajo como en inglés. Muchos
restaurantes ofrecen platos como guiso
de oveja, maíz, pan frito y tacos Navajo
(una deliciosa variación del taco
mejicano), además de hamburguesas y
sandwiches de queso calientes.

Los paisajes cambian constantemente
de este a oeste y de norte a sur, pero
siempre son panorámicos. En el norte,
justo en el límite entre Arizona y Utah,
está el mundialmente famoso Monument Valley, conocido por todos
aquellos que han visto películas del
oeste. El Cañón Chelly está al oeste de
Arizona, cerca de New Mexico. Partes
de él lucen como miniaturas del Gran
Cañón. En verano, los visitantes
encuentran familias Navajo viviendo en
hogans al pie del cañón, ocupándose de
sus ovejas en los mismos lugares donde
vivieron los Anasazi muchos siglos
antes.

Los Anasazi, o "los antiguos," no eran
antepasados de los Navajo, pero
vivieron en esa zona desde antes del año
1.100 de nuestra era. Nadie sabe por qué
la abandonaron, pero ya no estaban allí
mucho antes de la llegada de los Navajo.
Pero los Anasazi les dejaron un legado.

Las casas que construyeran en los promontorios sirvieron de refugio a los Navajo que huían de sus atacantes blancos. Aún pueden verse restos de esos edificios antiguos, y también las herramientas que usaban y los dibujos que los Anasazi hicieron en las paredes. A los lados de la carretera que atraviesa la reservación de este a oeste, se ven hogans construídos junto a casas modernas. Unos Navajo pastorean sus ovejas a caballo, y otros lo hacen en camioneta. Aunque hay camionetas por todas partes - en los pueblos y los lugares de pastoreo, los caballos siguen siendo importantes para los Navajo. Los niños suelen montar en pelo, exactamente como sus antepasados.

Hay muchos programas de radio en idioma Navajo, e incluso los programas en inglés tienen avisos en Navajo. El Navajo Community College en Tsaile, Arizona, y la Universidad de Ganado proveen oportunidades a los estudiantes que quieren proseguir estudios universitarios en el contexto de su cultura. Muchos Navajo terminan sus estudios secundarios, aun cuando para algunos esto significa viajar cincuenta o más millas para ir a la escuela.

Pese a todas sus organizaciones e industrias, la reservación todavía no logra ofrecerles empleos a todos. Parte de la tribu trabaja fuera de ella, y otros se especializan en ciertos tipos de trabajo. Los que crían ovejas, tejen alfombras o hacen canastas y joyas, no pueden subsistir de ese ingreso únicamente.

Los Navajo siempre han adoptado con rapidez los métodos de otras culturas que pueden serles útiles, y han abandonado los demás. Durante su historia, incorporaron a su vida los caballos y ovejas de los

Jinetes Navajo modernos

españoles y aprendieron de los Pueblo a cultivar la tierra y tejer; adoptaron los estilos de ropa españoles, mejicanos y de los colonos americanos. Pero esto nunca amenazó su propia cultura, pues supieron mantener el sentido de su propia identidad. Los Navajo siguen haciéndolo así. Mantienen vivo lo que los diferencia de las demás tribus de americanos nativos y los otros americanos, pero comprenden la importancia y las ventajas que les ofrece la educación universitaria.

A veces tienen que aprender los métodos que necesitan en la reservación en el mundo exterior. Pero los que viven y trabajan fuera de ella, jamás olvidan que son Navajo. Las costumbres de la *dineh* siguen siendo parte de su vida, no importa donde ésta transcurra.

Una madre Navajo y su hija sonriéndole a la cámara

Pintar con arena es un arte tradicional de los Navajo, que aquí demuestra un curandero.

Fechas importantes en la historia Navajo

1540	Coronado llega a New Mexico
1598	Los españoles crean asentamientos en New Mexico
1680	Los Pueblo organizan y llevan a cabo la rebelión contra los españoles, y expulsan los soldados, colonos y misioneros de New Mexico.
1692	Los españoles regresan a New Mexico
1824	México se independiza de España; New Mexico se convierte en una de sus provincias.
1846	El Ejército del Oeste de Estados Unidos toma control de New Mexico; el Tratado de Ojo del Oso es el primero entre los Estados Unidos y los Navajo.
1851	Se construye Fort Defiance para poner fin a las incursiones Navajo en los asentamientos españoles y americanos; abandonado en 1861, es reconstruído para alojar a los soldados de Kit Carson.
1863	Se construye Fort Sumner (Bosque Redondo.)
1864-68	Los Navajo y Apache son encarcelados en Bosque Redondo,
1868	El Tratado de 1868 establece la reservación Navajo.
1881	El ferrocarril llega al suroeste; la Línea Santa Fe y Topeka llega hasta Albuquerque.
1882	Parte de las tierras de los Navajo se les quitan para hacer la reservación Hopi.
1890	Los Navajo dejan de hacer sus mantas con lanas hiladas y teñidas a mano y empiezan a usar lanas industriales.
1912	Arizona y New Mexico se convierten en estados.
1923	Se organiza el Consejo Tribal Navajo.
1924	El Acta de Ciudadanía confiere la ciudadanía americana a los Navajo.
1929	La Gran Depresión afecta los precios de la lana; los Navajo dejan de ser autosuficientes y dependen del gobierno para su subsistencia.
1934	El Acta de Reorganización Indígena (Acta de Wheeler-Howard) les da a las tribus el derecho de gobernarse a sí mismas.
1948	Las leyes de Arizona y New Mexico confieren a los Navajo derecho al voto, tanto en elecciones estatales como nacionales.
1950	El Acta de Rehabilitación a Largo Plazo Navajo-Hopi aprobada por el Congreso les otorga fondos para construcciones y mejoras en la reservación; comienza la exploración de gas natural y petróleo en el territorio.

ÍNDICE ALFABÉTICO

El editor agradece especialmente al Sr. Alvin Reiner el haberle permitido utilizar sus fotografías en las páginas: 3, 5, 15, 16, 20, 21, 23, 26, 27, 28 y 29